essentials

essentials liefern aktuelles Wissen in konzentrierter Form. Die Essenz dessen, worauf es als „State-of-the-Art" in der gegenwärtigen Fachdiskussion oder in der Praxis ankommt. *essentials* informieren schnell, unkompliziert und verständlich

- als Einführung in ein aktuelles Thema aus Ihrem Fachgebiet
- als Einstieg in ein für Sie noch unbekanntes Themenfeld
- als Einblick, um zum Thema mitreden zu können

Die Bücher in elektronischer und gedruckter Form bringen das Expertenwissen von Springer-Fachautoren kompakt zur Darstellung. Sie sind besonders für die Nutzung als eBook auf Tablet-PCs, eBook-Readern und Smartphones geeignet. *essentials*: Wissensbausteine aus den Wirtschafts-, Sozial- und Geisteswissenschaften, aus Technik und Naturwissenschaften sowie aus Medizin, Psychologie und Gesundheitsberufen. Von renommierten Autoren aller Springer-Verlagsmarken.

Weitere Bände in dieser Reihe http://www.springer.com/series/13088

Christian Schwägerl

Alumni-Netzwerke von Unternehmen

Theoretische und praktische Perspektiven

Prof. Dr. Christian Schwägerl
Hochschule Osnabrück
Osnabrück, Deutschland

ISSN 2197-6708   ISSN 2197-6716 (electronic)
essentials
ISBN 978-3-658-13619-2   ISBN 978-3-658-13620-8 (eBook)
DOI 10.1007/978-3-658-13620-8

Die Deutsche Nationalbibliothek verzeichnet diese Publikation in der Deutschen National-
bibliografie; detaillierte bibliografische Daten sind im Internet über http://dnb.d-nb.de abrufbar.

Springer Gabler

Gedruckt auf säurefreiem und chlorfrei gebleichtem Papier

Springer Gabler ist Teil von Springer Nature
Die eingetragene Gesellschaft ist Springer Fachmedien Wiesbaden GmbH

Was Sie in diesem *essential* finden können

- Eine Einführung, wie Alumni-Netzwerke in die Kommunikationsfunktion von Unternehmen integriert sind. Die Darstellung richtet sich an erfahrene Kommunikations- und Personalverantwortliche aus Unternehmen sowie an Studierende des Kommunikationsmanagements und der Kommunikationswissenschaften.
- Eine Übersicht der möglichen Wertbeiträge, die Unternehmen auf ihrem Absatz-, Ressourcen- und Meinungsmarkt mit Hilfe von Alumni-Netzwerken erzielen können.
- Die Vermittlung von Reflexionswissen über den Zusammenhang der Kommunikation der Netzwerk-Mitglieder und der zentral koordinierten, interessengeleiteten Kommunikation des Unternehmens mit seinen Alumni.
- Für die Konzeption und Implementierung von IT-gestützten Lösungen kann das Reflexionswissen über Wertbeiträge und Kommunikationsformen für die Überlegung hilfreich sein, welche Funktionalitäten die gewünschten Wertbeiträge realisieren können.

Inhaltsverzeichnis

Bezugsgruppe Alumni: Ziele und Merkmale der Kommunikation mit und von Ehemaligen

1

„Alumni Relations", „Alumni Community Management", „Alumni-Kommunikation": Die gängigen Bezeichnungen für die Kommunikation mit ehemaligen Mitarbeiterinnen und Mitarbeitern bringen die Idee sozialer Interaktion zum Ausdruck, anstelle intentionalistisch, senderorientiert und einkanalig angelegter Transaktionen, die von einem Unternehmen an seine Ehemaligen ergehen. Im Zentrum steht die Kommunikation *in* einer Community von Personen, die eine gemeinsame Vergangenheit bei einem Arbeitgeber haben. Zum anderen, das legt allein die Existenz des Ressorts nah, jedoch auch die *interessengeleitete* Kommunikation eines Unternehmens *mit* dieser Community.

Dieser Beitrag behandelt die Alumni-Kommunikation in Bezug auf die funktionale Forschung zur Unternehmenskommunikation (u. a. Zerfaß 2014), und organisationssoziologische sowie linguistische Arbeiten zu den interpersonellen kommunikativen Prozessen, die eine Organisation konstituieren (zur konstitutiven Perspektive der Organisationskommunikation siehe u. a. Schoeneborn und Wehmeier 2014). Die Evaluation von Alumni-Programmen wird in diesem Beitrag nicht behandelt.

Mit dieser theoretischen Rahmung eröffnet sich ein bekanntes Spannungsfeld: zwischen vorgängig konzipierter, „strategischer" Kommunikation, die häufig auf einem Kommunikations-Begriff gründet, der sich an kybernetischen Kommunikationsmodellen und der „Philosophie der normalen Sprache" orientiert. Dem steht ein ethnomethodologisches Verständnis lokal-situationsdynamischer, reflexiver Sinn-Konstitution in Prozessen sozialen Interagierens gegenüber, das vor allem in linguistischen Arbeiten zur institutionellen Kommunikation zur Anwendung kommt, etwa in der Forschung zur sprachlichen Hervorbringung sozialer Strukturiertheit in Organisationen.

© Springer Fachmedien Wiesbaden 2016

C. Schwägerl, *Alumni-Netzwerke von Unternehmen*, essentials,

DOI 10.1007/978-3-658-13620-8_1

Die vorliegende Einführung in ein spezielles Arbeitsfeld der Unternehmenskommunikation wird die beiden Perspektiven kaum integrieren können. Zu unterschiedlich sind die Vorverständnisse von Kommunikation und die diesen Vorverständnissen jeweils zugrunde liegenden Theorietraditionen. Ebenso kaum vergleichbar sind die unterschiedlichen Kommunikationsformen als Bezugspunkte, auf die sich diese Vorverständnisse hin orientieren.

Der Begriff „Alumni" wird wie in weiteren vorliegenden Arbeiten und Studien zum Thema im Folgenden für ehemalige Mitarbeiterinnen und Mitarbeiter eines Unternehmens verwendet (siehe hierzu die Begriffsbestimmung sowie den Literatur- und Studienüberblick zur Alumni-Kommunikation in Hubner 2014). Die Darstellung in diesem *essentials*-Beitrag siedelt Alumni als Bezugsgruppe auf dem Ressourcenmarkt eines Unternehmens an, neben den potenziellen sowie aktuellen Mitarbeiterinnen und Mitarbeitern, Führungskräften und den Arbeitnehmervertretungen (vgl. Huhn und Sass 2011, S. 9): Bezugsgruppen, deren Personen mit ihren Fertigkeiten, Fachkenntnissen, Erfahrungen sowie formal legitimierten Rollen das Unternehmen mit menschlicher Leistung versorgen und die legitime und betriebsverfassungsrechtlich begründete Interessen und Ansprüche haben.

Einleitend wird der theoretische Rahmen des Handlungsfelds aus der Perspektive der Unternehmenskommunikation beschrieben. Daran schließen sich Überlegungen zur Konzeptualisierung der Alumni-Kommunikation an. Diese sind wiederum die Grundlage für die Darstellung des Zusammenhangs der zentral koordinierten, interessengeleiteten Kommunikation des Unternehmens mit seinen Alumni und der interpersonellen Kommunikation innerhalb der Community („Peer-to-Peer") an.

1.1 Konzeptuelle Grundlagen: Kommunikation mit und von Alumni

Ehemalige Mitarbeiterinnen und Mitarbeiter gehören zu den Bezugsgruppen einer Organisation. Die Pflege der Beziehungen mit den Bezugsgruppen ist für die Erreichung der Unternehmensziele existenziell oder mindestens begünstigend – so auch die Kommunikation mit den Alumni, die etwa für die Erringung einer günstigen Wettbewerbsposition auf dem Markt für die Personalgewinnung und auf dem Kundenmarkt relevant sein können. Wählt man die „wertorientierte Unternehmensführung" (Zerfaß 2014, S. 24) als programmatischen Fluchtpunkt für die Konzeptualisierung der Unternehmenskommunikation, so sind die

Stakeholder-Beziehungen nicht isoliert auf ihre Unterstützung von Prozessketten in z. B. Marketing oder HR zu reduzieren.

Die Konzeption und operative Ausgestaltung der Alumni-Kommunikation ist vielmehr im übergeordneten Ganzen der Kommunikation des Unternehmens mit seinen Anspruchsgruppen integriert (vgl. zur Integration der ausdifferenzierten Teilbereiche der Unternehmenskommunikation im Kontext der „wertorientierten Unternehmensführung": Zerfaß 2014; für die Konzeptualisierung von Stakeholder Management und Organisationskommunikation: Karmasin 2008; für eine netzwerktheoretisch angelegte Konzeptualisierung von Stakeholder Management und Organisationskommunikation: Weder und Karmasin 2014).

Welche Funktion kommunikative Prozesse zwischen Unternehmen und Bezugsgruppen haben und welche „Werte" diese dem Unternehmen möglicherweise schaffen, orientiert sich an den Vorannahmen zu dessen Position in *Gesellschaft, Markt und Staat* (Zerfaß 2014; vgl. auch Karmasin 2008). So stellt die Kommunikation mit den Bezugsgruppen laut Karmasin (2008) die Öffentlichkeit des Unternehmens her (ebd., S. 274). In Überlegungen zum Verhältnis von Organisation und der Kommunikation mit und von ihren Bezugsgruppen sind die legitimen Ansprüche der Bezugsgruppen die Vorlage für die Definition der Unternehmensziele und der Aktivitäten, diese Ziele zu erreichen, darunter auch die kommunikationsbezogenen Aktivitäten (vgl. ebd., S. 275). Normativ sind die Formal- und Sachziele kontinuierlich vor dem Hintergrund zu reflektieren, inwieweit sie die Interessen und Erwartungen der Bezugsgruppen adressieren.

Die zentrale, also vom Unternehmen organisierte und auf die Realisierung der Unternehmensziele abgestimmte Kommunikation mit seinen Bezugsgruppen dient in dieser Sichtweise nicht etwa nur der Persuasion und Einflussnahme. Auch nicht dazu, ausschließlich Effekte zu erzielen, die auf die Leistungsziele des Unternehmens und die gesellschaftliche Akzeptanz seiner Aktivitäten vordergründig einwirken (z. B. Bekanntheit, Image, Reputation, vgl. ebd., S. 271 ff.), wie Karmasin betont. Sie nimmt normativ eine integrierende Perspektive „von Wissensmanagement, Innovationsmanagement, Personalentwicklung, Organisationsentwicklung und Kommunikation" (ebd., S. 275) ein, was wiederum bedeutet, mithilfe der Stakeholder-Kommunikation Feedback zu den Aktivitäten des Unternehmens zu ermitteln und die gewonnenen Erkenntnisse systematisch in den Prozess „strategischer Planung" zu integrieren. Die legitimen Ansprüche sind in dieser Sichtweise also der Ausgangspunkt für Strategie und kontinuierliche Veränderung im Sinne der Balance von Stakeholder-Interessen mit den von der Unternehmensführung formulierten Formal- und Sachzielen (ebd., S. 269 f.).

Das systematische „Listening" (Zerfaß 2015) oder die „Outside-In-Kommunikation" (Buchholz und Knorre 2012), die Gewinnung von Informationen und deren Eingang in die Zielformulierung, ist in wechselhaft-unberechenbaren Märkten (vgl. Zerfaß et al. 2015; Buchholz und Knorre 2012, S. 65–72) die praktische Grundlage für dieses Verständnis von „Interessenklärung", Kommunikation und Veränderung. Buchholz und Knorre (2012) sprechen von einer „kooperativen Umfeldbeobachtung" (S. 68) durch Mitarbeiterinnen und Mitarbeiter. Informationen, die diese im Kontakt mit Bezugsgruppen des Unternehmens, z. B. Kunden, gewinnen, werden systematisch erhoben und in den strategischen Planungsprozess integriert (vgl. ebd.). Die legitimen Interessen und Erwartungen, die die Bezugsgruppen artikulieren, konstituieren nach Buchholz und Knorre das „Umfeld" (ebd., S. 66): Interessen und Erwartungen, denen einer marktlichen Logik folgend unterstellt werden kann, dass sie sich im Zeitverlauf verändern und diese Veränderungen die marktlichen Prozesse beeinflussen, die zwischen Unternehmen und Bezugsgruppe verlaufen. Normativ bedeutet das, dass Unternehmen kontinuierlich Informationen gewinnen und in den strategischen Planungsprozess integrieren müssen, um – als Minimalziel –, ihre Existenz zu sichern, und – im Sinne des Stakeholder Management (s. o.) –, wirtschaftliche, gesellschaftliche und ökologische Anliegen der Bezugsgruppen in die Zielformulierung und Wertschöpfungsstufen zu integrieren. Karmasin (2008) spricht davon, „dass eine Organisation nicht automatisch existiert, sondern in diverse Umwelten auch kommunikativ integriert ist" (ebd., S. 272). Die Kommunikation erzeugt in dieser Sichtweise das Unternehmen sowie dessen Selbstpositionierung und Fremdpositionierung bei und gegenüber seinen Bezugsgruppen. Führt man den Ansatz fort, ist „Kommunikation" nicht in einem intentionalistischen, sondern interaktionalen Verständnisses aufeinander bezogenen Handelns von Unternehmen und Umfeld zu verstehen (vgl. Weder und Karmasin 2014).

Geht der intentionalistisch-positivistische Ansatz davon aus, dass Bezugsgruppen vorgängig konstruierte Botschaften vermittelt werden, um bei ihnen typische PR-Effekte zu erzielen (häufig unter Berufung auf die bekannte Lasswell-Formel „Who says what in which channel to whom with what effect?"), erforscht er nicht die interpersonell-interaktive Aushandlung auf der Mikroebene verbal-interaktiven Handelns, etwa: Stellen die Personen (so sie sich den Inhalten überhaupt zuwenden) als Reaktion auf diese Botschaften kommunikative Anlässe her? Wie verhandeln sie die präsentierten Botschaften untereinander, und werden in natürlichen Kommunikationssituationen die Botschaften thematisiert? Wie wirken situative Faktoren und soziale Beziehungen auf eine prozessual verstandene Aushandlung von „Bedeutung" vorgegebener Botschaften? Ein interaktionales Verständnis geht von emergenten Prozessen aus, in denen die

Kommunikationsbeteiligten „Bedeutung" sozial produzieren, wie z. B. Schwägerl (2016) für die Interne Kommunikation unter Bezugnahme auf die linguistische Gesprächsforschung skizziert. Als Folge dieser Prozesse gerät die Organisation zu einem sozialen Artefakt, das ihre Bezugsgruppen herstellen: Die Organisation ist im Stakeholder Management-Konzept ein „kommunikatives Konstrukt" (Karmasin 2008, S. 274), und: „Organisation wird als Sinn- und Wertstiftungsgemeinschaft begriffen, deren Grenzen eben auch kommunikativ sind" (ebd.). In deskriptiver Hinsicht „kommunikativ erzeugt" (Schoeneborn und Wehmeier 2014) ist die Organisation auch im „Communication Constitutes Organization"-Paradigma (ebd., 2014) als interaktionsgeschaffene Ordnungsstruktur. Schoeneborn und Wehmeier (2014) stellen unter anderem einen konzeptuellen Anschluss zum Stakeholder Management vor (ebd., S. 420 ff.). Bedeutung und Sinn werden in interaktiven Prozessen verhandelt, was Grundsatzfragen in Bezug auf den Zusammenhang von „strategischer", interessengeleiteter Kommunikation und einer als lokal-situationsdynamisch, reflexiven „Sinn"-Konstitution in Prozessen sozialen Interagierens aufwerfe (ebd.).

Doch auf welche Weise erfolgt diese Sinn-Konstitution genau? Die sprachliche „Erzeugung" einer Organisation als soziales Artefakt greift wiederum ethnomethodologische Annahmen auf (vgl. ebd.), die etwa in der linguistischen Gesprächsforschung konkretisiert wurden: „Soziale Sachverhalte (wie Gesprächspraktiken, aber auch z. B. Identität, Notwehr vs. Mord) sind sinnstrukturiert und existieren also solche nur durch die Art und Weise, wie Gesellschaftsmitglieder sie erzeugen und interpretieren.", schreibt Deppermann (2008, S. 85). Auf der Ebene sprachlicher „Beitragskonstruktionseinheiten" (ebd., S. 58) sind diese erzeugenden verbal-interaktiven Prozesse Gegenstand mikroskopischer Betrachtung und Beschreibung. Die Methode geht davon aus, dass Sprecher „Sinn und Ordnungsebenen" (ebd., S. 19) und eine „interaktiv relevante Realität" hervorbringen (ebd., S. 79), „Intersubjektivität" (ebd., S. 50) sozial in „sequenziellen", kontextemergenten Handlungen produzieren (vgl. Deppermann 2008). Sprecher stimmen diese Handlungsschritte auf zahlreiche situative Parameter ab, die wiederum ihrer subjektiven Wahrnehmung der sozialen Situation, eigenen Inferenzleistungen und ihren Erwartungserwartungen unterliegen. Dazu gehören unter anderem der lokale, durch die Partner- bzw. Beteiligten-Beiträge geschaffene, kontinuierlich veränderte Kontext sowie die erwarteten Partner-Inferenzleistungen (ebd.) und die aufeinander bezogenen so genannten „Aufzeigeleistungen" (ebd., S. 50) subjektiven Sinns, den die Personen vermitteln: „Intersubjektivität – in Form von geteilten Bedeutungen und koordinierten Handlungen – wird dadurch hergestellt, daß Gesprächsteilnehmer Schritt für Schritt verdeutlichen, wie sie einander verstehen" (ebd., S. 49 f.).

Inwieweit Alumni in dieser Perspektive auf den Zusammenhang von Kommunikation und Management für die Anliegen der Geschäftsleitung bedeutsam sind, muss fallspezifisch betrachtet werden. Die Unternehmensführung kann die Alumni-Kommunikation über die Leistungsziele auf dem Absatz- und Ressourcenmarkt jedenfalls hinaus in weitere Aufgabenfelder integrieren: in der strategischen Planung etwa als ein Instrument der Umfeldbeobachtung, um Veränderungen in den Ansprüchen und in den Nutzenkalkülen ihrer Bezugsgruppen zu erkennen, die für die Formulierung und ständige Anpassung der Unternehmensstrategie relevant sind. Die Kommunikation mit ihren Alumni würde als eines von weiteren Instrumenten in dieser Sichtweise zur Verbesserung der Informationsbasis der Unternehmensführung beitragen, auf deren Grundlage sie Entscheidungen trifft (vgl. Buchholz und Knorre 2012). Sie kann auch dazu dienen, den Wissensverlust, der mit Personalfluktuation verbunden ist, zu begrenzen. Ebenso können im Rahmen der ökonomischen, ökologischen und gesellschaftlichen Verantwortung Ehemalige in CSR-Initiativen eingebunden werden, was auf die gesellschaftspolitische Position einzahlt.

Anknüpfungspunkte an die Handlungsfelder der Unternehmensführung lassen sich an dieser Stelle viele finden und kaum erschöpfend in partikuläre Handlungsfelder übersetzen – das ist jeweils fallbezogen zu ermitteln. Generell ist für die Sachziele des Unternehmens zu überprüfen, inwieweit ehemalige Mitarbeiterinnen und Mitarbeiter für deren Realisierung zuträglich sein können.

Beiträge zu Alumni-Netzwerke in Unternehmen finden sich bisher nur vereinzelt in praxisorientierten Sammelbänden sowie in der Wirtschafts- und Tagespresse. Darin werden die Netzwerke schwerpunktmäßig für die Realisierung von Leistungszielen für die Personalabteilung und für das Marketing beschrieben (vgl. u. a. Dommer 2011; Etscheit 2010; Breuer 2011; einen Literatur-Überblick und eine Darstellung der Wertbeiträge für Unternehmensmarke, Arbeitgebermarke sowie für die Anliegen des HR-Managements liefert Hubner 2014). Der auf Alumni-Kommunikation spezialisierte Social-Business-Plattform-Anbieter Conenza gibt in einer Studie mit einer nicht genannten Anzahl von Befragten einen ersten Überblick zu u. a. den erhofften Wertbeiträgen, angebotenen Inhalten und Services der Programme internationaler Unternehmen (Conenza 2015).

1.2   Die Organisation des Alumni-Programms

Wenig Anhaltspunkte finden sich in diesen bisherigen Beiträgen für die organisationale Verortung eines Alumni-Programms. Rein ausgerichtet an der HR-Prozesskette würde es der bisherigen Darstellung folgend sein Wertbeitrags-Potenzial nicht ausschöpfen. Die Klärung darüber, ob es primär Leistungen für etwa HR und Marketing liefern soll, führt zu praktischen Fragen wie: Welche Abteilung koordiniert das Programm? Soll es In-House betrieben oder an Dienstleister ausgelagert werden? In der oben beschriebenen Stakeholder-Kommunikation, die eine integrierte Perspektive auf „Wissensmanagement, Innovationsmanagement, Personalentwicklung, Organisationsentwicklung und Kommunikation" (Karmasin 2008, S. 275) einnimmt, wäre fallspezifisch zu überprüfen, ob eine komplette Auslagerung an einen Dienstleister oder die Verortung in HR diesem Anspruch genügt.

Jedenfalls sind die Kommunikationsprozesse zwischen Unternehmen und Netzwerk im größeren Ganzen des Gesamtziels zu integrieren, wie alle Handlungsfelder der Unternehmenskommunikation (vgl. u. a. Zerfaß 2014). Während ihrer Professionalisierung hat sich die Unternehmenskommunikation in zahlreiche Ressorts ausdifferenziert, die als Teil einer kohärenten, führungsunterstützend ausgerichteten Stakeholder-Kommunikation zu gestalten und zu integrieren sind. Formuliert man in diesem Verständnis Erwartungen an die Wertbeiträge der Alumni-Kommunikation, so ist sie als ein von der Unternehmenskommunikation geführtes Programm mit Schnittstellen in z. B. HR, Marketing und Vertrieb anzulegen, mit jeweils inhaltlich aufeinander abgestimmten Teilprojekten und integriert in das institutionalisierte „Listening" (s. o., siehe auch Kap. 5).

Das zieht wiederum grundlegende Fragen zur Organisation der Kommunikationsfunktion nach sich. Neuere Funktionskonzepte sehen eine „360-Grad"- und themenorientierte Verantwortung für die Kommunikation mit den unterschiedlichen Stakeholdern des Unternehmens vor (darunter auch die Alumni), gegenüber einer verrichtungs- oder objektorientierten Organisation, die z. B. nach Stakeholdern unterteilt ist (vgl. Zerfaß et al. 2014, S. 991 ff.). „Intern/Extern"-Ressorttrennungen und die damit verbundene Gefahr von inhaltlichen Inkonsistenzen, redundanten Arbeitsprozessen sowie höherem Integrations-Aufwand werden damit aufgehoben.

Solche „Newsroom"-Organisationsmodelle (Mickeleit 2013) sind auch im Zusammenhang mit der schwindenden Reichweite der Unternehmenskommunikation populär geworden, weil die klassischen Medien an Reichweite eingebüßt haben (vgl. ebd.). Unternehmen publizieren zunehmend selbst in „Owned Media" Themen und Botschaften. Außerdem, weil „Peers" dem von Mickeleit zitierten „Trust Barometer" von Edelman Public Relations zufolge untereinander mehr vertrauen als Medien und Unternehmen (vgl. ebd.; vgl. Edelman Trust Barometer in Mickeleit 2013). Mithilfe der Kommunikationsarbeit „Advocacy" (Mickeleit 2013) zu induzieren, löse die traditionelle Vorgehensweise ab, über Journalisten als Intermediäre Effekte wie Bekanntheit und Reputation zu erzielen, sondern

Botschaften über „Influencer" zu verbreiten (ebd.). Die Unterstützungsbereitschaft und Fürsprache von Stakeholdern wie Mitarbeitern und Kunden wird in dieser Sichtweise zum vorrangigen Ziel der PR-Arbeit (vgl. ebd.).

Diese Herangehensweise wird, so Alumni als eine Stakeholder-Gruppe in der Umsetzung dieses Modells berücksichtigt werden, ausgeweitet auf die Ehemaligen, mit dem Alumninetzwerk als eigener virtueller Community: Ehemalige als Unterstützer zu gewinnen für operative Anliegen von Personal und Marketing, sowie strategische Ziele wie die Positionierung des Unternehmens in Gesellschaft, Markt und Staat (vgl. Zerfaß 2014) zu unterstützen.

An der Alumni-Kommunikation lässt sich illustrieren, wie ein Unternehmen in der Kommunikation mit einer Bezugsgruppe positive Effekte auf ihren weiteren Stakeholder-Märkten erzielen kann (vgl. Hubner 2014). Die Darstellung dieser Effekte und der Aufgaben des Betriebs von Alumni-Netzwerke aus Unternehmenssicht orientiert sich zunächst im Folgenden am Verständnis von Unternehmenskommunikation als „(…) alle(n) gesteuerten Kommunikationsprozesse(n), mit denen ein Beitrag zur Aufgabendefinition und -erfüllung in gewinnorientierten Wirtschaftseinheiten geleistet wird und die insbesondere zur internen und externen Handlungskoordination sowie Interessenklärung zwischen Unternehmen und ihren Bezugsgruppen (Stakeholdern) beitragen" (Zerfaß 2014, S. 23).

1.3   Konzeptualisierung der Alumni-Kommunikation

Stellt man dem oben skizzierten Verständnis eine konstitutiv-emergente Perspektive auf Netzwerk-Kommunikation gegenüber, kann eine zentral organisierte Alumni-Kommunikation mithilfe einer kohärenten Konzeption von Organisation, Inhalten, Medien und Instrumenten die Kommunikation zwischen Unternehmen und den Netzwerkmitgliedern sowie die Peer-to-Peer-Kommunikation im Netzwerk allenfalls versuchen zu begünstigen, mit dem Ziel, Unterstützungsleistungen bei den Netzwerk-Mitgliedern zu generieren.

Betrachtungsgegenstand für die Effekte dieser vorgängig konzipierten Alumni-Kommunikation ist das Netzwerk: Beschreibt man „Kommunikation" aus einer prozessual-emergenten anstelle einer normativ-positivistischen Perspektive, so stellt die Mikroebene des verbal-interaktiven Austauschs der Mitglieder das Netzwerk her (siehe Abschn. 1.1). Ohne die kommunikativen Prozesse zwischen den Mitgliedern wäre ein vom Unternehmen geschaffenes Alumninetzwerk eine rein formal-instrumentelle, unlebendige Ordnungsstruktur: bloße Datenbanken und News-Archive, die aus Nutzerprofilen und redaktionellen Beiträgen der

Programm-Verantwortlichen bestehen, aber nicht als Plattformen für die Kommunikation der Nutzerinnen und Nutzer gelten können.

Wie stehen die vom Unternehmen angestoßenen Kommunikationsprozesse dieser konstitutiv-emergenten Netzwerk-Kommunikation gegenüber? In Bezug auf die interne Unternehmenskommunikation stellt Hartz (2009) in einer kritisch-diskursanalytischen Forschungsarbeit zur sprachlichen Produktion von „Legitimationsfiguren" in Mitarbeitermagazinen fest, dass die Unternehmenskommunikation einen medial vermittelten Diskurs produziert und verbreitet. Prinzipiell könnten diese Diskurse möglicherweise „handlungswirksam" werden (ebd., S. 185). Grundlegende Voraussetzung dafür wäre zunächst deren Rezeption, die selbstverständlich auch noch nichts darüber aussage, ob und auf welche Weise sie in verbal-interaktive Prozesse ihrer Adressatinnen und Adressaten eingingen und konstitutiv für das Handeln der Personen werde (vgl. Hartz 2009, S. 201).

Im Prinzip sind diese Diskurse als Angebote zu verstehen, während Personen den „Prozess der sozialen Produktion von Bedeutung (...) im doppelten Sinne ‚selbstredend'" (Schwägerl 2016, S. 211) vollziehen. „Ungeachtet der Einstellungen der Sprecher zeigt allein die mikroskopische Betrachtung der verbal-interaktiven Prozesse die enorme Situationsdynamik, in der Sprecher ihre Aktivitäten aufeinander abstimmen und ihre soziale Welt deuten" (ebd.). Neben inhaltlichen Aspekten, etwa der, ob die angebotenen Diskurse die Nutzenkalküle der Personen adressieren, sind allein die lokalen Bedingungen verbaler Interaktion ausschlaggebend:

> Zu den interdependenten Parametern zählen etwa die Aufgaben, die die Sprecher bearbeiten, soziale Beziehungen und Identitäten, interindividuelle Kenntnissysteme, gemeinsame Interaktionshistorien sowie die situationsdynamische Anwendung sprachlicher Ressourcen, die Modalität des Gesprächs, gruppenspezifische Routinen und die antizipierten Inferenzleistungen des Partners (ebd.).

Dem Fokus auf „Inhalte", oder „Content", der über „Influencer" (Mickeleit 2013) in der PR verbreitet wird, ist die Forderung nach Inhalten inhärent, die ihren Nutzern Mehrwert bieten müssen. Die in Abschn. 1.2 erwähnten „Newsroom"-Organisationsmodelle gehen davon aus, dass primär Inhalte, die vom Publikum als relevant erachtet werden, die gewünschte Beteiligung schaffen, die sich wiederum in konkreten Unterstützungsleistungen wie Stellen-Weiterempfehlungen oder der Diskussions-Teilnahme in Foren äußern. In der Kommunikation mit einem unternehmensgeschaffenen Ehemaligen-Netzwerk geht es darum, die Nutzenkalküle der User zu adressieren: Nutzen stiftende Inhalte und Dienste entwickeln, diese zugänglich zu machen, und auf der Produktionsebene in einer Sprache zu vermitteln, die an die soziale Welt der User anknüpft. Die Möglichkeiten und Grenzen einer zentral koordinierten, interessengeleiteten Kommunikation für die soziale Produktion, also die gemeinschaftliche Herstellung von Bedeutung auf der Ebene sprachlich-interaktiver Prozesse, lässt sich gedanklich gut in Bezug auf die Kommunikation mit und von Netzwerken durchspielen, wie Weder und Karmasin (2014) beschreiben. Die Überlegungen gründen auf der folgenden Merkmalsbeschreibungen von Netzwerken:

> Zu den Strukturmerkmalen von Netzwerken gehört eine gemeinsame Zielsetzung, ein gemeinsamer Handlungssinn. Mitglieder sowie die kommunikative Struktur und Dichte ihrer Interaktionen bestimmen den möglichen Nutzen für die Mitglieder. Menschen, Orte und Inhalte sind die Komponenten von netzwerkartigen Beziehungszusammenhängen. Es geht um gemeinsame Bedürfnisse, Interessen und damit um gemeinsame „Anliegen" bzw. „Angelegenheiten" (Weder und Karmasin 2014, S. 88 f.).

Eine prozessual-emergent angelegte Begriffsbestimmung von „Kommunikation" als verbales und nonverbales aufeinander bezogenes menschliches Handeln impliziert, dass Kommunikation ergebnisoffen ist, anders als in einem intentionalistischen Verständnis, das positivistisch im Interesse des Senders die Effekte einer angenommen „erfolgreichen" Bedeutungsvermittlung für die Zielerreichung der Organisation beforschen möchte. Dieses prozessuale Vorverständnis relativiert die Vorstellungen darüber, wie die Stakeholder-Kommunikation vorgängig vom Unternehmen formulierte Zielvorstellungen erfüllen kann: Kommunikation ist in diesem Verständnis ein Prozess, in dem die beteiligten Personen Bedeutung konstruieren (vgl. auch Weder und Karmasin 2014). Wie dieser Prozess lokal verläuft, wurde in zahlreichen Arbeiten zur Organisationskommunikationsforschung in der Linguistik gesprächsanalytisch erforscht.

Praktische Perspektiven: Konzeption, Wertbeiträge und Wirkung der Alumni-Kommunikation

Die Beschreibung der Alumni-Kommunikation kann in den zwei oben skizzierten Perspektiven erfolgen: Zunächst im Verständnis der Unternehmenskommunikation als führungsunterstützender Funktion. Als Ressort fokussiert die Alumni-Kommunikation demnach den zentral gesteuerten Verlauf der Kommunikation des Unternehmens *mit* den Alumni, die Bereitstellung von Medien und Instrumenten für die interpersonelle Kommunikation der Alumni untereinander („Peer-to-Peer") sowie die Entwicklung und Verbreitung von auf die nutzerspezifischen Interessen ausgerichteten Inhalte (siehe Abschn. 1.3). Wie kann die Kommunikation mit den Alumni systematisch gestaltet sein, mit den vorangehenden Überlegungen als *Disclaimer,* der das der funktionalen Perspektive immanente „Wirkungs"-Anliegen prophylaktisch einschränkt?

2.1 Akteure der zentral koordinierten Alumni-Kommunikation

Zunächst geht es um prozessuale Fragen: Die zentrale Kommunikation verläuft in unternehmenseigenen Medien (z. B. E-Mails, Newsletter, Systembenachrichtigungen etc.). Als Absender dienen häufig die für die Alumni-Kommunikation zuständigen Verantwortlichen des Unternehmens (siehe Abschn. 2.3). Diese Verantwortlichen sind für die Kommunikation mit den Ehemaligen autorisiert und vorab vom Unternehmen zu bestimmen. Das kann eine Person aus der Geschäftsleitung sein, die als „Programm-Sponsor" gegenüber den Alumni auftritt und das Programm intern und extern inhaltlich repräsentiert. Alternativ kann auch die Person autorisiert sein, die das Programm verwaltet. Auch eine geteilte Funktion ist denkbar: Zu administrativ-organisatorischen Aspekten kommuniziert

© Springer Fachmedien Wiesbaden 2016
C. Schwägerl, *Alumni-Netzwerke von Unternehmen,* essentials,
DOI 10.1007/978-3-658-13620-8_2

die programmverwaltende Person, zu inhaltlichen Fragen der Sponsor. Inhalte, Medien und Kommunikationsbeteiligte seitens des Unternehmens richten sich nach den jeweiligen Zielen, die das Unternehmen mit dem Alumninetzwerk erreichen möchte. Ebenso wird auf dieser Ebene entschieden, ob der Alumni-Mitgliederbestand in Zielgruppen segmentiert wird, die ebenfalls der Erreichung partikulärer Ziele dienlich sein können. Hier geht es also um Fragen der Koordination der Kommunikation zwischen Unternehmen und den Netzwerk-Mitgliedern. Fluchtpunkt dieser Koordination sind Überlegungen dazu, wie das Netzwerk die Erreichung der Unternehmensziele unterstützen kann (siehe Kap. 1).

Zum anderen ist Alumni-Kommunikation die Kommunikation der Ehemaligen untereinander (Peer-to-Peer), die selbstverständlich keinem Steuerungsanspruch unterliegen kann (siehe Abschn. 1.3). Sie erfolgt in den vom Unternehmen betriebenen eigenen Medien (z. B. in einem sozialen Netzwerk für Ehemalige) und Event-Formaten (z. B. auf Abendveranstaltungen, Stammtischen etc.). Die interpersonelle Peer-to-Peer-Kommunikation konstituiert das Netzwerk der Ehemaligen. Diese Konstitution kann vom Unternehmen allenfalls begünstigt werden, indem es dazu anregt, die zur Verfügung stehenden Austauschplattformen zu nutzen und auf diese Weise zu verbal-interaktiven Prozessen anzuregen (siehe Abschn. 1.1).

2.2　Leistungen der Alumni-Kommunikation

Als Arbeitsfeld zielt die zentrale Alumni-Kommunikation auf die begünstigende Herstellung der Kommunikation der Alumni untereinander, etwa durch die Bereitstellung von entsprechenden Medien und die Vorlage von Inhalten und Funktionalitäten, die den Nutzern einen Mehrwert bieten. Der Beitrag, den die Alumni-Kommunikation für die Unternehmens- und Spartenstrategien leisten kann (siehe etwa die in der Conenza-Studie aufgeführten Ressorts und Handlungsfelder in Abb. 2.1), entfaltet sich sowohl in der zentralen Alummi-Kommunikation wie der direkten, interpersonellen Kommunikation, die etwa auf der vom Unternehmen betriebenen Alumni-Social-Media Plattform sowie in auf externen Business-Netzwerken wie Xing und LinkedIn administrierten Gruppen verläuft, die das Unternehmen dort womöglich ergänzend zum unternehmenseigenen Netzwerk betreibt.

Der Fluchtpunkt der strategischen Planung des Ressorts ist die Gesamtstrategie des Unternehmens. Voraussetzung für die Wirkung des Alumni-Programms ist, dass Inhalte, Medien und Instrumente die Nutzenkalküle und Nutzungsgewohnheiten der Alumni adressieren und ihnen einen erkennbaren Mehrwert bieten, sie in der Folge die Medien und Veranstaltungen frequentieren und untereinander sowie mit den Vertreterinnen und Vertretern des Unternehmens kommunizieren.

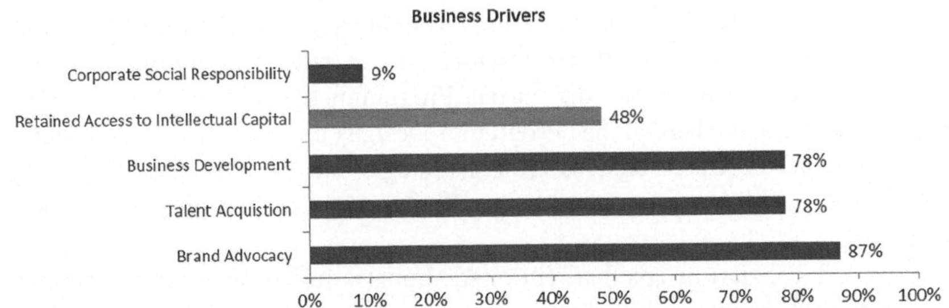

Abb. 2.1 Motive von Unternehmen für die Alumni-Kommunikation, ermittelt von Conenza. (Quelle: Conenza (2015). 2015 Corporate Alumni Networks Benchmarking Study. Changes in the world's leading corporate alumni programmes between 2014 and 2015. o. O., S. 5)

Ziel aus Sicht der Unternehmensleitung ist die Generierung von Unterstützungsbereitschaft für das Unternehmen durch ehemalige Mitarbeiterinnen und Mitarbeiter, von „Advocacy" (Buchholz und Knorre 2012, S. 23; Mickeleit 2013), hier: Die Bereitschaft von Alumni, in ihrem Umfeld positiv über den ehemaligen Arbeitgeber zu sprechen, Inhalte in privaten Netzwerken zu teilen sowie die Spartenstrategien (Personalsuche, Gewinnung von Aufträgen) oder Initiativen zur Erreichung gesellschaftspolitischer Ziele (z. B. im Rahmen des gesellschaftlichen und umweltbezogenen Engagements des Unternehmens) aktiv zu unterstützen.

Die zentral angelegte Koordination dieser interessengeleiteten Kommunikation umfasst medial vermittelte Kommunikation und Instrumente sowie die Bereitstellung und die Pflege der Medien und Instrumente. Diese bilden die Plattformen für die computervermittelte Kommunikation sowie für die Face-to-Face-Kommunikation zwischen Ehemaligen und Mitarbeitern sowie den Ehemaligen untereinander. „Instrumente" sind etwa Anlässe für Face-to-Face wie Alumni-Events, an denen Ehemalige, die Koordinatoren des Programms, Mitglieder der Geschäftsleitung und generell alle Personen aus den Unternehmensbereichen teilnehmen, die einen Wertbeitrag aus der Kontaktpflege mit den Ehemaligen schöpfen möchten.

2.3 Planung der Alumni-Kommunikation

Das organisationale Design des Alumni-Programms richtet sich nach der Internationalität des Unternehmens und seiner grundlegenden Struktur (z. B. in Geschäftsbereichen oder Divisionen, vgl. hierzu u. a., Zerfaß et al. 2014). Innerhalb dieser Struktur verlaufen die Kommunikationsprozesse der Sprecherinnen und Sprechern sowie der Administratoren des Programms mit dem Netzwerk.

Hier geht es um den Versuch, Strukturen vorgängig zu gestalten und die Kommunikationsprozesse darin zu beschreiben, um möglichst koordiniert auf die definierten Wertbeitragsziele, die an das Programm geknüpft sind, hinzuarbeiten. In den Aufgabenbereich des Programm-Designs und dessen kontinuierlicher Anpassung an die Unternehmens-Gesamtstrategie und -struktur gehört auch die Evaluation, die sich u. a. an den Ressort-Zielen orientiert und hier nicht behandelt wird.

Abb. 2.2 skizziert beispielhaft ein internationales In-House geführtes Alumninetzwerk: Ein weltweit organisiertes *Corporate Alumni Community Management* konfiguriert aufeinander abgestimmte Maßnahmen weltweit und in den einzelnen Ländermärkten und kleineren geografischen Einheiten (Regionen). Die aus den Ressortstrategien in Unternehmenskommunikation, Marketing und HR abgeleiteten avisierten Wertbeiträge des Alumni-Programms spezifizieren die Strukturen, in denen die Kommunikationsprozesse zwischen Programmverantwortlichen und Mitgliedern verlaufen.

Eine Datenbank und eine Kommunikationsplattform bilden die Grundlage des Programms. Die Kommunikationsplattform bietet den sozialen Raum für die Alumni-Community und wird vom Unternehmen betrieben. In der Datenbank

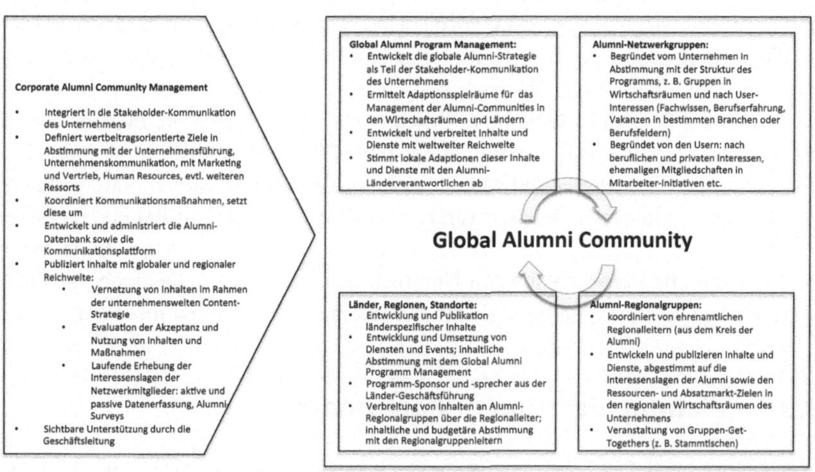

Abb. 2.2 Corporate Alumni Community Management in einem unternehmenseigenen, In-House geführten Netzwerk: Verantwortlichkeiten von Zentrale, Ländern und Regionalgruppen am Beispiel eines globalen Alumni-Programms mit zentralisierter Kommunikationsfunktion

sind die Daten aus der aktiven Datenerfassung gespeichert, die die Nutzer explizit in ihren Plattform-Nutzerprofilen angeben, sowie Daten aus einer passiven Erfassung, etwa wenn User Abo-Dienste auf der Plattform in Anspruch nehmen und sich daraus Rückschlüsse auf ihre fachlichen und privaten Interessenlagen ziehen lassen: Interessen, deren Erfüllung sie sich von der Mitgliedschaft im Netzwerk erhoffen (siehe Abschn. 3.4). Die Interessenlagen kann das Programm etwa für die Segmentierung der Mitglieder in Zielgruppen nutzen.

Im dargestellten Szenario gibt ein internationales („globales") Alumni Programm Management die Strukturen vor: Es sieht eine Differenzierung in Länder und Regionen sowie in vom Unternehmen initiierte und von den Mitgliedern in Eigenregie begründete und betriebene Netzwerk-Gruppen vor. Eine Kommunikationsplattform stellt den Raum für die weltweite und länderspezifische Kommunikation des Unternehmens mit den Mitgliedern sowie für die Mitglieder untereinander (Peer-to-Peer). Je nach Land, von dem aus der Zugriff auf die Plattform erfolgt, kann mit regionalen Adaptionen gearbeitet werden, z. B. Bildern auf der Startseite und länderspezifischen Editorials. In den einzelnen Ländern benennt die Geschäftsleitung eine Sprecherin oder einen Sprecher für das Programm. Die Person vertritt als „Programm-Sponsor" die Interessen des Netzwerks in der Geschäftsleitung und ist dafür verantwortlich, die Interessen des Unternehmens im Netzwerk im Sinne der Wertbeitragsziele zu vertreten.

In den einzelnen Ländern werden von der globalen Organisation entwickelte Inhalte und Dienste (etwa Stellenmärkte, Foren für fachlichen Austausch, Veranstaltungsorganisation) adaptiert und publiziert. Fragen der länderspezifischen Anpassung (lokale Adaption) sind vorgängig in diesem zentralisierten Ansatz zu klären. Kulturelle und marktliche Unterschiede zwischen den Wirtschaftsräumen spielen hier eine Rolle, sowie die Interessen der Nutzer, im Netzwerk das Umfeld wiederzufinden, das sie während ihrer Beschäftigung im Unternehmen erlebt haben: ehemalige Kolleginnen und Kollegen, Vorgesetzte, Standorte,-die Städte und Regionen, in denen die Ehemaligen tätig waren. Diese Interessen von Unternehmen und Mitgliedern verkörpert die Person, die als Sponsor agiert. Regelmäßige „physische" Alumni-Veranstaltungen, z. B. ein- oder zweimal jährlich pro Land, pro Region oder Ballungsraum, ergänzen die auf der Plattform medial vermittelte Kommunikation oder sind, je nach konzeptionellem Ansatz, die zentrale Maßnahme im Alumni-Programm.

Die Strukturen der Wirtschaftsräume und die Absatz- und Ressourcenmärkte des Unternehmens können je nach Land derart differenziert sein, dass sich die Gründung von Regionalgruppen in den jeweiligen Ländern anbietet. Das oben beschriebene Erleben des Umfelds beim ehemaligen Arbeitgeber wird in

Regionalgruppen noch detaillierter adressiert. Der Austausch mit den Alumni in bestimmten, auch kleineren Regionen kann sich für die Ziele auf dem Ressourcenmarkt des Unternehmens günstig auswirken: etwa wenn dort Vakanzen zu besetzen sind und das Unternehmen sich Wettbewerbsvorteile auf den Ressourcenmärkten in bestimmten Wirtschaftsräumen verschaffen möchte. Die Regionalgruppen werden koordiniert von Alumni, die ehrenamtlich als Multiplikatoren Inhalte in den Gruppen verbreiten. Als Regionalgruppenleiter sind sie Teil der lokalen Community und daher authentische Botschafter des ehemaligen Arbeitgebers. Sie organisieren neben den Länder-Events für die Alumni kleinere, mehrmals jährlich stattfindende Zusammenkünfte.

Die Kommunikationsplattform bietet den Usern die Möglichkeit, eigene Gruppen zu gründen. Ebenso gibt das Unternehmen Gruppen vor, z. B. nach Wirtschaftsräumen und Interessen.

2.4 Aufgaben der zentralen Alumni-Kommunikation

Unternehmen, die ihre Kommunikationsfunktion „Content"-zentriert organisieren und „360-Grad" über alle Bezugsgruppen des Unternehmens verbreiten, können systematisch Inhalte auf ihre Verwertung im Alumni-Programm prüfen und im Falle einer Nutzung den Interessen und Nutzenkalkülen der Ehemaligen anpassen. Für die Ansprache der Alumni sind eine Sprecherin oder ein Sprecher zu bestimmen (siehe Abschn. 2.1): Personen aus der Geschäftsleitung, die als „Programm-Sponsoren" gegenüber den Alumni auftreten und das Programm repräsentieren, sowie Personen, die das Programm administrativ leiten. Ebenso denkbar ist eine Teilung der Funktionen: Administrativ-organisatorische Aspekte übernimmt die programmverwaltende Person, die Vermittlung der Inhalte der Sponsor.

Intern vertritt der Sponsor das Netzwerk gegenüber der Geschäftsleitung. Leitet die Unternehmenskommunikation das Alumni-Programm, sollte sie im Sinne ihrer mikropolitischen Positionierung nicht die Chance verpassen, gegenüber der Geschäftsleitung sichtbar in strategischen Fragen zu werden, indem sie z. B. Evaluationsergebnisse und „Listening"-Befunde aus dem Programm vertritt (siehe Kap. 5). Keinesfalls sollte sich die Abteilung intern in Bezug auf das Alumni-Programm als technischer und redaktioneller Dienstleister marginalisieren.

Unter der Schirmherrschaft der o. g. Akteure wird die Infrastruktur betrieben, in der die Community-Kommunikation verläuft. Aufgabe der Sponsoren und der Programmverantwortlichen ist, diese Kommunikation zu begünstigen.

Ob es darüber hinaus gelingt, Ehemalige für Anliegen des Unternehmens zu mobilisieren, ist vom Content abhängig. Persuasiv-werbliche Botschaften könnten von den Ehemaligen als wenig authentisch für die Aufrechterhaltung ihrer Beziehung mit dem Unternehmen erachtet werden, ebenso wenn die Botschaften zu stark unternehmenszentriert und nicht an den Interessen der Nutzer ausgerichtet sind.

Auch die Akzeptanz der Medien und Instrumente ist entscheidend. Aus Sicht der User sollten sie als komfortabel für die Peer-to-Peer-Kommunikation empfunden werden. Grundsätzlich müssen sich die Medien und Instrumente an externen Plattformen messen lassen, über die Ehemalige auch unabhängig von firmeneigenen Alumni-Programmen Kontakt halten und kommunizieren: soziale Business-Netzwerke wie Xing und LinkedIn sowie Facebook und weitere soziale Medien, in der sich private und berufliche Kontakte mischen. Unternehmenseigene Alumni-Netzwerke sind dabei nicht als Konkurrenz zu diesen Netzwerken zu planen, sondern als deren Ergänzung: Über die Integration von externen sozialen Medien („Tie-Ins") können Ehemalige zum Beispiel ihre persönlichen Daten leicht auf die vom Unternehmen betriebene Plattform übertragen (vgl. Hubner, S. 62). Außerdem spielen die externen Plattformen zur Verbreitung der Botschaften des Unternehmens über das Alumninetzwerk hinaus eine Rolle, wenn das Unternehmen seine Alumni dazu anregt, Inhalte zu teilen, z. B. offene Stellen oder aktuelle Studien.

Ziel ist, Alumni als „Advocates" zu mobilisieren, deren Handeln strategische und operative Wertbeiträge erzielen (siehe Kap. 1). Diese Mobilisierung erfolgt vor allem über Inhalte und Dienste. Über welches Medium die Alumni wen oder was genau mit ihrem Input unterstützen können, muss für sie klar ersichtlich und technologisch komfortabel zugänglich sein. Ebenso, welchen Nutzen sie für sich selbst aus dieser Unterstützung ziehen. Eine erste Einschätzung von Alumni-Programmverantwortlichen über die Akzeptanz von Content und Diensten liefert eine Studie des auf Alumni-Programme spezialisierten Social-Business-Plattform-Anbieters Conenza (2015) in Abb. 2.3. Vernetzungsmöglichkeiten, Austausch über offene Stellen und Berichte über den Verbleib von Ehemaligen („Alumni Stories") werden in der weltweiten Erhebung als die wichtigsten inhaltlichen Pfeiler des Programms gesehen.

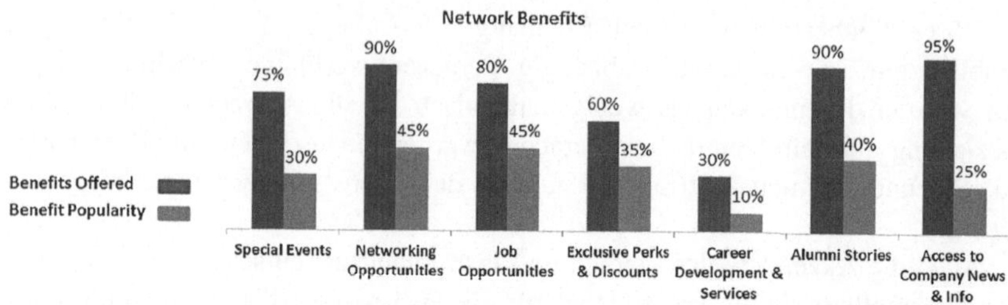

Abb. 2.3 Angebot und Akzeptanz von Inhalten und Diensten für Alumni-Netzwerkmitglieder aus Sicht der Programmverantwortlichen. (Quelle: Conenza (2015). 2015 Corporate Alumni Networks Benchmarking Study. Changes in the world's leading corporate alumni programmes between 2014 and 2015. o. O., S. 8)

2.5 Alumni-Kommunikation als Schnittstellenaufgabe

Prinzipiell ist das Beziehungsmanagement ressortübergreifend angelegt und relevant für alle Unternehmensbereiche, die die Beziehungspflege mit Ehemaligen vorteilhaft für die Realisierung ihrer Bereichsziele erachten. „Vorteilhaft" kann bedeuten, dass über Alumni neues Personal gewonnen wird, Ehemalige wiedereingestellt oder im Falle von Freisetzungen Mitarbeiterinnen und Mitarbeiter auf dem Alumni-Stellenmarkt vermittelt werden. Marketing und Vertrieb können Alumni gezielt in ihrem Beziehungsmanagement nutzen: Je nach Beziehungszyklusphase kann Neugeschäft gewonnen oder können Bestandskunden durch eine gezielt personenzentrierte Ansprache und durch Face-to-Face Kommunikation z. B. auf Alumni-Veranstaltungen gebunden werden (siehe Kap. 4). Dienstleister, zum Beispiel Professional Services-Unternehmen, können das Programm für die Gewinnung von Neugeschäft nutzen, wenn Alumni im Netzwerk Ausschreibungen publizieren.

Unternehmenskommunikation, HR und Marketing sind an der Steuerung des Programms daher wesentlich beteiligt, wenn der Wertbeitrag des Alumni Programm Managements sich vor allem an den Zielen auf dem Ressourcenmarkt, dem Absatzmarkt und dem Meinungsmarkt des Unternehmens orientiert. Sie sind außerdem relevant für die Ermittlung der Themen und die Pflege der Kommunikations-Infrastruktur, in der die Peer-to-Peer-Kommunikation der Alumni sowie der Alumni mit dedizierten Programm-Ansprechpartnern oder mit weiteren Personen aus dem Unternehmen verläuft, die für die Kommunikation mit Alumni autorisiert sind.

Vorgängig ist bei der Konzeption des Programms zu planen, auf welchen seiner Märkte das Unternehmen über seine Alumni welche Ziele erreichen will. Agiert das Unternehmen auf einem umkämpften Ressourcenmarkt, rückt z. B. die Neu- oder die Rückgewinnung von Personal in den Fokus. Für das Marketing und die Unternehmenskommunikation können immateriell-strategische Ziele im Zusammenhang mit der Markenführung zu sein: Die Aufrechterhaltung des Markenbewusstseins der Ehemaligen sowie die Vermittlung und die Bestätigung des Vorstellungsbilds. Für das Relationship Marketing Management und den Vertrieb eines Dienstleisters wirkt die gezielte Kommunikation mit Alumni günstig auf den Verkauf, die bei Kunden oder potenziellen Kunden arbeiten und dort womöglich entscheidungsvorbereitend Einfluss auf die Ausschreibung von Projekten und die Auswahl von Dienstleistern nehmen oder die an diesen Prozessen maßgeblich beteiligt sind (siehe Kap. 4).

2.6 Zugang zum Netzwerk

Im Gegensatz zu Netzwerken, die ehemalige Kolleginnen und Kollegen selbst auf Plattformen wie Xing oder LinkedIn konstituieren, bieten von Unternehmen begründete Netzwerke die Möglichkeit, den Zugang zu steuern. Je nach Zielformulierung qualifizieren sich nicht alle Ehemaligen für ein vom Unternehmen initiiertes Alumninetzwerk, und nicht alle Ehemaligen haben Interesse daran, Teil der Alumni-Community zu werden und auf diese Weise mit dem Unternehmen weiterhin in Kontakt zu bleiben.

Der Eintritt ins Netzwerk beginnt mit dem Zeitpunkt des formalen Austritts und wird bereits in der Zeit vor dem Austritt vorbereitet. Wenn Unterstützungsbereitschaft eines der Programm-Ziele ist, kann das Unternehmen diese zum Zeitpunkt des Austritts ermitteln. Die Abfrage, ob die Person Interesse an der Teilnahme am Alumni-Programm hat, kann in den Leitfaden eines strukturierten *Exit-Interviews* integriert werden. In diesem protokollierten Interview mit dem direkten Vorgesetzten wird die Person u. a. gefragt, ob sie dem Alumninetzwerk beitreten möchte. Ermittelt wird ebenso, ob sich sowohl die Mitarbeiterin oder der Mitarbeiter als auch die oder der direkte Vorgesetzte eine Wiedereinstellung vorstellen können. Die Person empfiehlt sich selbst als möglichen *Re-hire*, wenn sie dieser Frage zustimmt.

Ebenso können die Vorgesetzten der betreffenden Personen darüber ihr Votum abgeben, ob die Person in die Alumni-Community aufgenommen wird. Kriterien herfür sind die wahrgenommene Loyalität und prognostizierte Unterstützungsbereitschaft der Person. Alternativ zu dem Einladungs-Prinzip ist die grundsätzliche Aufnahme aller Personen, die das Unternehmen verlassen. Technologisch sollte deren wahlweiser Austritt aus dem Netzwerk jederzeit auf einfache Weise ermöglicht werden.

Ebenso ist denkbar, dass Alumni ehemalige Kolleginnen und Kollegen dem Netzwerk empfehlen, die noch nicht Mitglied sind – etwa weil das Unternehmen im Exit-Prozess keine Abfrage über den Beitritt erhoben oder die Person schon vor Begründung der Community das Unternehmen verlassen hat. Reagiert die eingeladene Person, entscheidet die programmverantwortliche Person in Abstimmung mit den beteiligten Ressorts (Unternehmenskommunikation, Marketing, Personal) über die endgültige Aufnahme.

Wenn Fachlichkeit, Berufserfahrung, hierarchische Position und Marktwert der Qualifikation der Personen Zugangs-Kriterien sind, können bei Mitarbeiterinnen und Mitarbeitern sowie den Ehemaligen schnell Ressentiments gegenüber dem Netzwerk als exklusivem Club aufkeimen. Die Auslese konterkariert womöglich die Glaubwürdigkeit der zentralen internen Kommunikation des Unternehmens, so diese etwa Diskurse verbreitet, die die Befähigung jedes einzelnen und die Bedeutsamkeit jeder Person im Prozess der Wertschöpfung thematisiert.

Alternativ kann das Netzwerk vom Unternehmen in Zielgruppen segmentiert werden, auf der Grundlage einer Verknüpfung aktiv und passiv erfasster Nutzerdaten und der mit der Alumni-Kommunikation für das Unternehmen verbundenen Ziele (siehe Abschn. 3.4). Dies können etwa die operativen Wertbeiträge sein, die das Netzwerk auf dem Ressourcenmarkt und auf dem Absatzmarkt des Unternehmens schafft.

Leistungen der Alumni-Kommunikation für das Personalmanagement

3

Aus den divergenten Motiven, die für Arbeitgeber und Arbeitnehmer auf dem Ressourcenmarkt handlungsleitend sind, resultieren für beide Parteien zum Teil harte, nachteilige Entscheidungen. Nicht unter diesen Entscheidungen leiden muss die weitere Beziehung über das Arbeitsverhältnis hinaus (vgl. Breuer 2011, S. 188 f.). Gerade die informelle Kommunikation in Alumni-Netzwerken eröffnet beiden Parteien neue Möglichkeiten der Beziehungsgestaltung, wenn Hierarchie und Mikropolitik im Austausch untereinander in den Hintergrund rücken.

3.1   Nutzen für das Personalmarketing

Die Alumni-Kommunikation kann in den Recruitment-Mix des Unternehmens integriert werden. Dessen Grundlage ist eine vorgängige Ressourcenplanung, die wiederum Vorlage für die Planung des Personalmarketings ist. Es identifiziert Bewerberzielgruppen und kommuniziert mit ihnen in einer Kontaktpunktkette, die vom Erstkontakt mit den Personen in linear-einkanaligen Medien auf die direkte und quasi-direkte Kommunikation zur Generierung von Bewerbungen zuläuft: direkt, etwa auf Absolventen- und Jobmessen oder Campus -Promotions, sowie medial vermittelt und quasi-synchron in sozialen Netzwerken.

Gewünschtes Ergebnis dieser zentral koordinierten Kommunikation mit Bewerberzielgruppen ist, qualifizierte Bewerbungen zu generieren. Dies kann etwa gemessen werden am Verhältnis zwischen der Anzahl der eingegangenen qualifizierten Bewerbungen zur Bewerber-Gesamtzahl oder zur Anzahl der zu besetzenden ausgeschriebenen Stellen. Ebenso können Leistungs-Kennzahlen herangezogen werden, die die Zeiträume bezeichnen, in denen die qualifizierten Kandidaten den Bewerbungsprozess durchlaufen und die Kosten, die das

© Springer Fachmedien Wiesbaden 2016
C. Schwägerl, *Alumni-Netzwerke von Unternehmen*, essentials,
DOI 10.1007/978-3-658-13620-8_3

Unternehmen aufwendet, um die ausgeschriebenen Stellen mit den im Prozess identifizierten Favoriten zu besetzen.

Alumni-Programme können der Personalgewinnung in folgender Hinsicht nutzen (vgl. Breuer 2011, S. 189):

- Wenn Ehemalige als *Re-Hires* zurückgewonnen werden (*Boomerang-Recruiting,* also die Rückkehr der Alumna/des Alumnus ins Unternehmen),
- Indirekt, indem Ehemalige potenzielle Kandidaten empfehlen (*Referrals,* ebd.). Hier bietet sich an, ein eventuell schon bestehendes Referral-Programm („Mitarbeiter werben Mitarbeiter") in das Alumni-Programm zu integrieren (siehe Abschn. 3.5).

Grundlage dafür ist, dass die Plattform des Alumninetzwerks angebunden an den Stellenmarkt des Unternehmens ist und die Netzwerkmitglieder darauf von der Plattform aus zugreifen können. Dieser Zugriff kann in Eigeninitiative erfolgen, wenn die Personen von sich aus eine Wiedereinstellung in Betracht ziehen. Das setzt voraus, dass beide Parteien – der ehemalige Arbeitgeber und Alumna oder Alumnus – einer Wiederaufnahme des Arbeitsverhältnisses grundsätzlich zustimmen, was im Vorfeld im Exit-Interview geklärt wird. Diese Zustimmung oder Ablehnung sollte in den Leitfaden des Exit-Interviews integriert sein.

Die Abfrage allein signalisiert im Exit-Interview dem Mitarbeiter bereits, dass die Entscheidung, das Unternehmen auf eigenen Wunsch zu verlassen, nicht zwangsläufig bedeutet, nie mehr zum „alten" Arbeitgeber zurückkehren. Es entspricht der Logik eines Markts, das Entscheidungen von beiden Parteien im Kontext veränderter marktlicher Bedingungen neu bewertet werden. Etwa, wenn sich Unternehmensstrategie und in der Folge die Personalplanung verändern und dem Kandidaten ein Angebot gemacht werden kann, das seinen Qualifikationen und Erfahrungen zu diesem Zeitpunkt entspricht.

Der Vorteil von *Re-Hires* ist, dass – von fundamentalen Veränderungen in der Unternehmenskultur des ehemaligen Arbeitgebers abgesehen –, ihr *Cultural Fit* häufig noch gegeben ist. Davon ausgehend, dass in einem organisationssoziologischen Verständnis Organisationen von der Kommunikation ihrer Mitglieder (siehe Kap. 1) konstituiert werden, ist diese Integration der Personen in die kommunikativen Praktiken der Organisation so lange gegeben, wie nachwachsende Generationen von Führungskräften, Mitarbeiterinnen und Mitarbeitern durch ihre kommunikativen Praktiken die Organisation wiederum neu konstituieren. Vorgängige Werte, die die Unternehmensleitung formuliert, können als normativer Orientierungsrahmen für das Handeln der Organisationsmitglieder dienen. Wenn Unternehmen in Veränderungsprozessen (Change Management) diese

Handlungsgrundsätze neu bewerten und formulieren, ist auch vor dem Hintergrund der Potenziale, die Ehemalige als potenzielle Unterstützer dem Unternehmens bieten, auf die Anschlussfähigkeit neuer Orientierungsrahmen an bisherige zu achten.

3.2 Re-Hires: Identifizierung und Ansprache

Mitglieder anzuregen, im Stellenmarkt zu stöbern, kann nach dem „Push"-Prinzip erfolgen: etwa in Posts der Netzwerk-Administratoren auf der unternehmenseigenen Alumni-Plattform und den daran angeschlossenen Alumni-Gruppen in Xing und LinkedIn. Diese Informationsverbreitung wird zentral von der Administration des Netzwerks initiiert. Handverlesen können Recruiter vorgehen, indem sie bei als schwierig oder aufwendig zu besetzenden Positionen gezielt auf bestimmte Alumni zugehen, die sie besonders qualifiziert für die Stelle halten oder sie gezielt mit der Person besetzen möchten. Das ist besonders interessant bei Stellen, wo aufgrund der Marktsituation erwartungsgemäß der Wettbewerb um qualifizierte Bewerber intensiv ist und der Aufwand für die Besetzung der Position als hoch eingeschätzt wird (*Hard to Fill*-Positionen).

Die Ansprache ehemaliger Mitarbeiterinnen und Mitarbeiter ist ein Politikum, doch bietet das Alumninetzwerk dafür einen akzeptierten Rahmen. Unter der Annahme, dass Alumni wie einleitend beschrieben dem Unternehmen und seinen Aktivitäten Unterstützungsbereitschaft entgegenbringen, ist eine solche Ansprache ein legitimes Vorgehen: Mit ihrer Zustimmung zum Beitritt und der Abfrage nach einem grundsätzlichen Interesse an einer Wiedereinstellung haben die Ehemaligen in letzter Konsequenz zugestimmt, möglicherweise persönlich auch mit der Frage nach einer Wiedereinstellung kontaktiert zu werden. Auch für das Unternehmen sind derlei Anfragen im institutionalisieren Rahmen des Alumni Programms kein Gesichtsverlust, wenn den Ehemaligen bewusst ist, dass dies eines der Anliegen des Programms ist. Das fügt über den Content und die angebotenen Dienste hinaus eine weitere inhaltliche Komponente hinzu: Die Vermittlung und Aushandlung der Interessenlagen der Netzwerk-Beteiligten, und welche kommunikationsbezogenen Aktivitäten an diese Interessen geknüpft sind.

Voraussetzung für den Prozess der Identifizierung geeigneter Kandidaten unter Alumni und die gezielter Ansprache bestimmter Netzwerkmitglieder ist, dass Fachabteilungen und Recruiting gleichermaßen bereit sind, das Alumninetzwerk als Bewerberpool zu nutzen. Das setzt intern das Wissen über die Leistungen des Alumninetzwerks voraus: Fach- und Führungskräften des Unternehmens, vor allem aus den beteiligten Schnittstellen Unternehmenskommunikation, Personal,

Marketing und Vertrieb muss bekannt sein, wie sie es in die Funktionsstrategien ihres Bereichs integrieren.

3.3   Das Netzwerk als Jobbörse: Nutzen stiften, Frequenz steigern

Über Stellenmärkte in digitalen Medien können auch interne Job-Messen, zu denen die Alumni eingeladen werden, auf offene Stellen beim ehemaligen Arbeitgeber aufmerksam machen und Recruiter dort in Einzelgesprächen die Besucher informieren. Ob „physisch" oder digital: Stellenmärkte sind einer der nutzenstiftenden Merkmale von Alumni Programmen, denn sie bieten auch den Netzwerkmitgliedern die Möglichkeit, Stellen, die sie bei ihrem aktuellen Arbeitgeber zu besetzen haben, im Netzwerk zu publizieren. So verbreiten sich nicht nur die Stellenangebote des ehemaligen Arbeitgebers im Netzwerk, sondern auch die der Netzwerk-Mitglieder. Über den Nutzen für die Alumni hinaus bietet sich hier für das Unternehmen die Möglichkeit, den Netzwerk-Stellenmarkt in seine Outplacement-Aktivitäten einzubinden.

Grundlage für die Nutzung des Netzwerks durch die Alumni ist der Nutzen, den es für die Adressaten schafft. Ohne Publikums-Frequenz, der Nutzung der Plattformen und der Teilnahme an Veranstaltungen, kann das Programm seine wertschöpfenden Potenziale für HR, Marketing und Vertrieb nicht erfüllen.

Stellenmärkte erhöhen den Anreiz, aktiv die Kommunikationsangebote des Netzwerks zu nutzen: Das Alumninetzwerk als Jobbörse. Zudem können die Netzwerkmitglieder auch im Rahmen ihrer interpersonellen Kommunikation aufeinander zugehen, vor allem bei Positionen, die sie gerne einem handverlesenen Publikum vorstellen möchten. Was auf externen Netzwerken wie Xing und LinkedIn stattfindet, ereignet sich hier auf den vom Unternehmen administrierten Plattformen. Das hat den Vorteil, dass der ehemalige Arbeitgeber als Schirmherr mit seinen eigenen Stellenangeboten präsent ist, das Netzwerk für seine Mitglieder interessant bleibt und das Unternehmen auch unabhängig von der Personalgewinnung weitere Potenziale für seinen Absatzmarkt nutzen kann.

3.4   Die Datenbasis für den Talentpool: Aktuelle Nutzerprofile

Voraussetzung für die freiwillige Überlassung von Informationen ist, dass die Personen eine Verbindung herstellen können zwischen den erbetenen Information, ihren eigenen Nutzenerwartungen, und wie sie diese Nutzenerwartungen über die angebotenen Funktionalitäten des Programms realisieren können. Sichtbar für die Administratoren sind Basisdaten, z. B. die Beschäftigungsdauer im Unternehmen, die organisationale Einheit, in der die Person zuletzt beschäftigt war und welche Position sie dort zum Zeitpunkt des Austritts innehatte. In den Profilen geben die Mitglieder darüber hinaus freiwillig an, in welcher Position sie arbeiten, bei welchem Arbeitgeber und in welcher Branche. Sie können Bilder einstellen, sich internen Alumni-Gruppen anschließen, die die Alumni selbst begründen, Interessen und Motive ihrer Netzwerk-Tätigkeit angeben („Mich interessiert", „Ich biete", „Ich suche").

Bei einem hohen Maß an Selbststeuerung bleibt die Datenqualität auf hohem Niveau, wenn die Nutzer ihre Profile regelmäßig aktualisieren. Mithilfe der Integration von Netzwerken wie Xing und LinkedIn (vgl. Conenza 2015) können Ehemalige ihre Daten mit der vom Unternehmen betriebenen Alumni-Plattform synchronisieren. Dienste wie Abonnements von Newslettern oder die Abfrage nach User-Interessen bezüglich bestimmter Inhalte und Interessen (z. B. an Alumni-Events, Nachrichten aus dem Netzwerk, Jobangebote) sind ein weiterer Ansatzpunkt für die Datenerfassung.

Die Nutzerdaten dienen als Vorlage für die Segmentierung. An die Kommunikation mit den Zielgruppen knüpfen sich jeweils bestimmte Sachziele, die das Unternehmen bei der Zielgruppe erreichen möchte. Die Segmentierung kann sich nach demografischen Kriterien richten (z. B. Alter, Anzahl Berufsjahre), nach Fachkenntnissen, Bildungsabschlüssen und den Karrieremodellen, die den Personen im Unternehmen während ihrer aktiven Zeit zugeordnet waren. Für die Erreichung operativer und strategischer Ziele ist die Einteilung nach Branchen und Organisationen sinnvoll, in denen die Personen aktuell beschäftigt sind: etwa Alumni, die bei Kunden und Lieferanten des Unternehmens arbeiten oder in Organisationen, die dem Meinungsmarkt des Unternehmens zuzuordnen sind. Ebenso relevant ist eine Segmentierung nach Interessen, z. B. Jobangeboten oder dem Austausch zu Fachthemen.

3.5   Die Ausweitung von Empfehlungsprogrammen auf Alumni

Die Reputation des Unternehmens bei seinen Stakeholdern manifestiert sich u. a. in konkreten Unterstützungsleistungen (vgl. Pleil und Zerfaß 2014: 737). In Alumni-Netzwerke sind dies zum Beispiel das Teilen oder die Weiterempfehlung von Stellen, die der ehemalige Arbeitgeber ausschreibt, und die die Nutzer in ihren beruflichen und privaten Netzwerken verbreiten.

Das Unternehmen vergrößert damit die Reichweite seiner Stellenausschreibungen. Im Sinne der Recruiting-Leistungskennzahlen (siehe Abschn. 3.1) kann die Einladung der Alumni erfolgen, an einem Empfehlungsprogramm teilzunehmen und Personen zu einer Bewerbung zu motivieren, von denen sie als ehemalige Mitarbeiterinnen und Mitarbeiter glauben, dass sie für die Stelle qualifiziert sind. Das Prinzip eines internen Empfehlungsprogramms, gegen finanzielle Anreize Personen im privaten Umfeld von einer Tätigkeit beim eigenen Arbeitgeber zu überzeugen, wird hier auf die Alumni ausgeweitet.

Ausbezahlt werden die Geld- oder Sachprämien häufig nach der erfolgreich absolvierten Probezeit der Person. Die Prämien richten sich in der Regel nach der Situation auf dem Bewerbermarkt für die zu besetzende Stelle: der Einschätzung darüber, wie das Unternehmen in Kenntnis des Markts relativ zu seinen Wettbewerbern die Stelle im Suchzeitraum erfolgreich besetzen kann. Wer als Alumna oder Alumnus erfolgreich eine Person für eine *Hard-to-fill-Position* vermittelt, wird eine höhere Gratifikation erwarten als bei Vermittlungen, wo die Bewerberlage für das Unternehmen günstig ist. Prinzipiell ist zu entscheiden, welche Arten von Stellen über das Empfehlungsprogramm ausgeschrieben werden.

Absatzmarkt: Leistungen des Alumninetzwerks für Marketing und Vertrieb

4

Unternehmenseigene Alumni-Netzwerke lassen sich gut ins marketingorientierte Beziehungsmanagement integrieren. Ehemalige, die in Einkaufs-Prozesse bei Kunden oder potenziellen Neukunden des Unternehmens involviert sind, stehen hier im Mittelpunkt. Sie können im Prozess einer individuenzentrierten „Mikrosegmentierung" (Lippold 2016, S. 198) als „Zielpersonen" (ebd.) ermittelt und im Alumni-Programm adressiert werden. Interessant für den Vertrieb ist, dass die zwischenmenschlichen Aspekte, die „Chemie" der beteiligten Personen bekannt sein dürften. Sie haben gemeinsame Hintergründe: einen ehemaligen Arbeitgeber, wissen um dessen formellen und informellen Orientierungsrahmen (Werte und Kultur), kennen die handelnden Personen, erinnern sich an gemeinsame Episoden des Arbeitslebens und teilen Interaktionshistorien. Das Beziehungsmanagement im Marketing ist eine operative, partikulär-absatzbezogene Sicht auf die Kommunikation zwischen Unternehmen und Bezugsgruppen.

Corporate-Alumni-Netzwerke sind vor allem bei Beratungs- und Technologiedienstleistern, Wirtschaftsprüfungsunternehmen und weltweiten Anwaltskanzleien im Einsatz (vgl. Hubner 2014, S. 59 f.). Im Dienstleistungsmarketing, dessen Handlungsfelder u. a. in Lippold (2016) beschrieben sind, lassen sich die Zusammenhänge personenzentrierten Vorgehens und der phasenweisen Entwicklung von Geschäftsbeziehungen gut illustrieren. Je nach Phase im Kundenlebenszyklus und ihrer formal legitimierten oder „informellen" Macht im Gremium, das Potenzialphasen herstellt, Angebote und Dienstleister sichtet, Kaufentscheidungen trifft und schließlich transaktional umsetzt („Buying Center", ebd., S. 190), wirken Alumni unterschiedlich auf entscheidungsvorbereitende Prozesse und auf Kaufentscheidungen für Neu- oder Folgegeschäft: etwa wenn sie an Ausschreibungs-Prozessen beteiligt sind, in ihren Fachabteilungen Dienstleister sichten oder mit diesen bereits zusammenarbeiten (ebd.). Als Entscheider sind sie

© Springer Fachmedien Wiesbaden 2016
C. Schwägerl, *Alumni-Netzwerke von Unternehmen*, essentials,
DOI 10.1007/978-3-658-13620-8_4

bemächtigt, im Rahmen der Einkaufs-Compliance Dienstleister auszuwählen und zu beauftragen, (ebd., S. 191; zu den Eigenschaften, Phasen und den Beteiligten in Beschaffungsprozessen im Business-to-Business Marketing siehe Lippold 2016, S. 190 ff. und 268 ff.).

An diese Rolle knüpfen sich jeweils unterschiedliche Informationsbedürfnisse und Interessen, die das Unternehmen in der Alumni-Kommunikation kunden- und personenspezifisch abstimmen kann. Die systematische Beziehungspflege zu bestimmten Personen, etwa aus der Geschäftsleitung („C-Suite-Relations"), kann ebenso auf das Alumni-Programm ausgeweitet werden wie zu Personen auf der Arbeitsebene oder in entscheidungsvorbereitenden Funktionen. Beispiel Alumni-Events: Konkret kann die Marketing-Abteilung nach Sichtung der Veranstaltungs-Einladungen und -Zusagen etwa Verantwortliche aus ihrem „Selling Center" (Lippold 2016, S. 265), dem anbieterseitigen Pendant zum „Buying Center", zu dem Event einladen. Personen aus Buying- und Selling-Center mit vergleichbarem Status können auf diese Weise im doppelten Sinne „auf Augenhöhe" Face-to-Face und informell sprechen – selbstverständlich im Rahmen der Compliance und der Grundsätze unternehmerischer Verantwortung. Der Auftritt bietet den Akteuren einmal mehr Anlass, ihr Verständnis verantwortungsvollen Handelns unter Beweis zu stellen – oder sich zu diskreditieren.

Von Alumni-Events als überkandidelten Veranstaltungen, die in Verdacht stehen könnten, nicht den regulatorischen Anforderungen zu entsprechen, ist ohnehin abzuraten: Keynote der Geschäftsführung, Willkommens-Rede des Programm Sponsors, ein Buffet und eine kleine Getränkeauswahl in einer Location in der Region des jeweiligen Firmensitzes oder direkt auf dem Firmengelände sind typische Komponenten im Event-Konzept solcher Abende. Buying- und Selling-Center-Begegnungen sind nicht für fragwürdige Offerten zu nutzen, sondern dienen dem informellen Austausch der Akteure, mitunter entlastet von Geschäfts-Themen. Die Interaktionen sollen in erster Linie vertrauensbildend wirken, was für die Anbahnung von Geschäft und die Aufrechterhaltung von Kunden-Klientenbeziehung förderlich ist.

Das Alumni-Programm schließt sich also an das Kundenbindungsprogramm an. Ebenso lässt sich die Perspektive wechseln: Die Ehemaligen-Programme bieten auch ihren Nutzern die Möglichkeit, Ausschreibungen beim neuen Arbeitgeber zu platzieren, die für den Ex-Arbeitgeber wie auch für andere Alumni interessant sein können. Beide Seiten erweitern auf diese Weise die Reichweite ihres Marketings.

„Advocacy" für die Anliegen der Unternehmensführung 5

Das Alumni Program Management realisiert nicht nur immaterielle und operativ-monetäre Wertbeiträge für HR, Marketing und Vertrieb. Alumni eröffnen Unternehmen die Möglichkeit eines vereinfachten Zugangs zu den Organisationen im Stakeholder-Umfeld. Interessant ist das etwa für internationale Unternehmen, die fern des Heimatmarkts Zugang zu Verbänden und Vereinigungen in bestimmten Wirtschaftsräumen und Regionen suchen, um sich in der lokalen Geschäftswelt zu etablieren. Das Programm ist auch an die Corporate Social Responsibility anschlussfähig. Alumni aktiv in die ökologische und gesellschaftliche Verantwortung des Unternehmens einzubinden, kann zum Beispiel über Corporate Volunteering-Maßnahmen erfolgen. Sie illustrieren dem Netzwerk die Verantwortung des Unternehmens und konkretisieren ein Angebot für die Konstruktion eines konstitutiven „Handlungssinns" (Weder und Karmasin 2014, S. 88). Daran schließen sich positive Effekte für Unternehmen und Mitglieder an, die sich gegenseitig bedingen: die Stärkung der gesellschaftlichen Positionierung des Unternehmens und die Steigerung der Alumni-Unterstützungsbereitschaft, indem durch Corporate Volunteering die Verbundenheit mit dem Unternehmen durch ein Sinnstiftungs-Angebot gestärkt wird, das individuelle Nutzenkalküle der Alumni adressiert. Alumni profitieren dabei in der Entwicklung ihrer sozialen Kompetenzen.

Das Programm kann ebenso in das „Listening" (Zerfaß et al. 2015) oder in die „Outside-In"-Kommunikation (Buchholz und Knorre 2012) zur systematischen Generierung von Informationen über das Umfeld des Unternehmens integriert werden: Ehemalige Mitarbeiterinnen und Mitarbeiter sowie Führungskräfte, so die Annahme, sind Beobachter des Unternehmens (vgl. Hubner, S. 60 ff.). Als Angestellten bei Kunden, Wettbewerbern, Lieferanten sowie bei allen weiteren Organisationen, die zu den Bezugsgruppen des Unternehmens gehören, ist der

© Springer Fachmedien Wiesbaden 2016
C. Schwägerl, *Alumni-Netzwerke von Unternehmen*, essentials,
DOI 10.1007/978-3-658-13620-8_5

direkte Austausch mit ihnen Teil einer „induktiven angelegten Umfeldbeobachtung" (Buchholz und Knorre 2012, S. 68). Der Versuch einer Institutionalisierung der Kommunikation mit Ehemaligen gerät in diesem Sinne zu einer Aufgabe der Unternehmensleitung: die Gewinnung von Informationen über Entwicklungen auf den Märkten des Unternehmens, deren Auswertung und Eingang in die Strategieentwicklung. Im Zusammenhang mit dem Funktionskonzept der Unternehmenskommunikation zur Ermöglichung einer „agilen" Organisation wird neben weiteren Formen der Umweltbeobachtung die Informationsbasis der Geschäftsleitung erweitert (vgl. Buchholz und Knorre 2012, S. 65 ff., 2013, S. 24 f.). „Agilität" als Gegenmodell rein reaktiver Anpassung an wechselhaft-unvorhersehbare marktliche Bedingungen sieht u. a. die kontinuierliche Wahrnehmung von und die Adaption an Umfeldbedingungen vor („reaktive Flexibilität", Buchholz und Knorre 2012, S. 18).

Die Gewinnung von Informationen und deren Eingang in die Zielformulierung ist im Kontext wechselhaft-unberechenbarer Märkte (vgl. Zerfaß et al. 2015; Buchholz und Knorre 2012, S. 65–72) Grundlage für „Interessenklärung", Kommunikation und Veränderung (siehe Kap. 1). Buchholz und Knorre (2012) sprechen von einer „kooperativen Umfeldbeobachtung" (S. 68) durch Mitarbeiter. Informationen, die diese im Kontakt mit Bezugsgruppen des Unternehmens, gewinnen, werden systematisch erhoben und in den strategischen Planungsprozess integriert (vgl. ebd.).

Buchholz und Knorre (2012, 2013) haben die Bedeutung des „Zuhörens" im Zusammenhang mit der Rolle der internen Kommunikation zur Herstellung von Agilität beschrieben. Die strategisch geplante, interessengeleitete zentrale interne Kommunikation dient in einer Sichtweise als wertschöpfungsorientiert und führungsunterstützend handelnder Funktion der Realisierung der Formal- und Sachziele, und damit auch der Anpassung und Veränderung (vgl. Buchholz und Knorre 2012, 2013). Daraus resultieren Aufgaben, die u. a. Unterstützungsbereitschaft induzieren sollen. Unter anderem wird „Advocacy Management" (Buchholz und Knorre 2012, S. 23) zum handlungsleitenden Prinzip der Kommunikationsarbeit, zunächst in Bezug auf die Herstellung einer Unterstützungsbereitschaft der internen Ressourcen für die Belange der Unternehmensführung: „Hebel für die Zielerreichung sind vor allem die Stärkung der Identifikation mit dem Unternehmen, die Förderung der Motivation, sich in die Entwicklung des Unternehmens einbringen zu wollen (…)" (ebd., S. 30).

Die Unterstützungsbereitschaft Ehemaliger in strategischen Fragen mag vor allem wegen Befangenheiten, Interessenskonflikten und Geheimhaltung eingeschränkt sein. Fachlicher Austausch zu Branchen-Themen, marktlichen Entwicklungen, Feedbacks von Alumni aus Kunden-Sicht etc. wird primär auf

Alumni-Events informell in der direkten Kommunikation stattfinden, beispielsweise in Buying- und Selling-Center-Begegnungen (siehe Kap. 4) oder etwa in Diskussionsforen. Zunächst ist entscheidend, dass das Alumni-Programm kommunikative Anlässe für fachliche Dialoge schafft: zum Beispiel Alumni aus bestimmten Branchen oder Fachbereichen gezielt zum Austausch mit Fachexperten aus dem Unternehmen einzuladen. Breuer (2011) schreibt hierzu: „Selbstverständlich geht es dabei nicht um den Zugang zu Interna, sondern um den Zugang zu persönlicher Expertise und dem informellen Austausch von Ideen und Einschätzungen" (ebd., S. 191). Ob und auf welche Weise die Erkenntnisse aus derlei Gesprächen an die entsprechenden Stellen weitergeleitet werden, muss in der übergeordneten „Listening"-Strategie des Unternehmens behandelt werden. Buchholz und Knorre (2012) empfehlen etwa:

> Der Punkt „Umweltbeobachtung" kann z. B. zu einem festen Agendapunkt von Sitzungen der Führungsgremien gemacht werden, zu dem die Abteilung Unternehmenskommunikation vorträgt. Dazu sollten Themenschwerpunkte gemeinsam mit der Entwicklungs- oder Innovationsabteilung definiert werden, um sich auf einige relevante Inhalte zu konzentrieren (ebd., S. 65).

Schlussbetrachtung 6

Beschreibt man „Kommunikation" aus einer konstitutiv-emergenten, anstelle einer normativ-positivistischen Perspektive, so stellt der verbal-interaktive Austausch seiner Mitglieder das Alumninetzwerk und seine Wertbeiträge her. Ohne die kommunikativen Prozesse zwischen den Personen wäre ein vom Unternehmen initiiertes Alumninetzwerk eine leblose Ordnungsstruktur. Eine prozessual angelegte Begriffsbestimmung von „Kommunikation" als verbales und nonverbales aufeinander bezogenes Handeln impliziert, dass diese ergebnisoffen ist, anders als in einem intentionalistischen Verständnis, das positivistisch im Interesse des Senders die Effekte einer angenommen „erfolgreichen" Bedeutungsvermittlung für die Zielerreichung der Organisation beforschen möchte. Dieses prozessuale Vorverständnis relativiert die Vorstellungen darüber, wie die Alumni-Kommunikation vorgängig vom Unternehmen formulierte Zielvorstellungen erfüllen kann (siehe Kap. 1). Welche Wertbeiträge das Unternehmen aus dem Netzwerk generiert, hängt davon ab, ob die User-Interaktionen Unterstützungsleistungen für das Unternehmen als eine Form der Handlungsbeteiligung hervorbringen. Die Chancen dafür steigen, wenn Themen und Dienste die Nutzenkalküle und Interessen der Alumni adressieren.

In einem unternehmenseigenen Alumninetzwerk dürften sich die Akteure ihrer Interessenlagen gegenseitig bewusst sein, sowie der damit verbundenen Formen der Handlungsbeteiligungen. Selbststeuernd auf das Handeln der Personen wirken ihre sozialen Beziehungen, der institutionelle Hintergrund und ein typischerweise nicht formalisierter Orientierungsrahmen, der Vollzugscharakter hat.

Im Regelfall wird sich die Unterstützungsbereitschaft ehemaliger Mitarbeiterinnen und Mitarbeiter auf operative Wertbeiträge erstrecken, die ein solches Netzwerk hervorbringen kann: für die Personalgewinnung, das Wissensmanagement, für Marketing und Vertrieb. Die Beziehungspflege mit Ehemaligen, die

© Springer Fachmedien Wiesbaden 2016

C. Schwägerl, *Alumni-Netzwerke von Unternehmen*, essentials,

DOI 10.1007/978-3-658-13620-8_6

auf Kundenseite oder Lieferantenseite gewechselt oder in Organisationen auf dem Meinungsmarkt des Unternehmens tätig sind, begründen weitere Kontaktpunkte für die Stakeholder-Kommunikation. Die Unternehmensführung kann die Alumni-Kommunikation in ihre strategische Planung als ein weiteres Instrument der Umfeldbeobachtung integrieren, um Veränderungen in den Ansprüchen und in den Nutzenkalkülen ihrer Bezugsgruppen zu erkennen, die für die Formulierung und ständige Anpassung der Unternehmensstrategie relevant sind.

Sein wertschöpfendes Potenzial entfaltet das Programm, wenn es intern thematisiert wird und seine Leistungen auch über HR hinaus bekannt sind: Wenn Führungskräfte aus den Fachbereichen mit hohem Personalbedarf das Netzwerk kennen und im Rahmen der Besetzung ausgeschriebener Stellen als Talent Pool nutzen, oder Marketing und Vertrieb das Netzwerk gezielt in Akquisitionstätigkeiten einbinden und in ihre Kontaktpunktkette integrieren. Das setzt bei der Führung die genaue Kenntnis der Potenziale des Netzwerks für HR, Kommunikation, Marketing und Vertrieb voraus.

Literatur

Breuer, P. (2011). Trend zu lebenslangen Netzwerken: Alumni-Netzwerke in Unternehmen. In: Klaffke, M. (Hrsg.). Personalmanagement von Millenials: Konzepte, Instrumente und Best-Practice-Ansätze. Wiesbaden: Gabler, S. 182–196.

Buchholz, U./Knorre, S. (2013). Grundlagen der Internen Unternehmenskommunikation. Berlin: Helios Media.

Buchholz, U./Knorre, S. (2012). Interne Unternehmenskommunikation in resilienten Organisationen. Berlin/Heidelberg: Springer.

Conenza (2015). 2015 Corporate Alumni Networks Benchmarking Study. Changes in the world's leading corporate alumni programmes between 2014 and 2015. o. O.

Deppermann, A. (2008). Gespräche analysieren. Eine Einführung. Wiesbaden: VS Verlag für Sozialwissenschaften.

Dommer, M. (2011). Alumni-Netzwerke: Niemals geht man so ganz. Abgerufen am 11.01.2016 von http://www.faz.net/aktuell/beruf-chance/campus/alumni-netzwerke-niemals-geht-man-so-ganz-11110142.html

Etscheit, Georg (2010). Rekrutierung ehemaliger Mitarbeiter: Grüß Gott, da bin ich wieder. In: Süddeutsche Zeitung. Abgerufen am 11.01.2016 von http://www.sueddeutsche.de/karriere/rekrutierung-ehemaliger-mitarbeiter-gruess-gott-da-bin-ich-wieder-1.981634

Hartz, R. (2009). „Die sprachliche Inszenierung von Konsens in Organisationen: Qualitative Befunde zu Mitarbeiterzeitungen." In: Habscheid, S./Knobloch, C. (Hrsg.) Einigkeitsdiskurse. Zur Inszenierung von Konsens in organisationaler und öffentlicher Kommunikation (S. 177–206). Wiesbaden: VS Verlag für Sozialwissenschaften.

Hubner, E. (2014). Alumni-Management von Organisationen. Ausgewählte Implikationen im Zuge des Organizational Resource Management. In: Knorre, S./Osterheider, F./Steinkamp, T./Schwägerl, C. (Hrsg.). (2015). Organizational Resource Management: Potenziale entfesseln. Interne Ressourcen beim On- und Offboarding aktivieren. Münster: LIT-Verlag, S. 57–67.

Huhn, J./Sass, J. (2011). Positionspapier Kommunikations-Controlling. Bonn/Gauting: DPRG/ICV. Abgerufen am 26.02.2016 von http://www.communicationcontrolling.de/fileadmin/communicationcontrolling/sonst_files/Positionspapier_DPRG_ICV.pdf

Karmasin, M. (2008). Stakeholder Management als Ansatz der PR. In: Bentele, G./Fröhlich, R./Szyszka, P. (Hrsg.). Handbuch der Public Relations. Wissenschaftliche Grundlagen und berufliches Handeln. Wiesbaden: VS Verlag, S. 268–280.

© Springer Fachmedien Wiesbaden 2016
C. Schwägerl, *Alumni-Netzwerke von Unternehmen*, essentials,
DOI 10.1007/978-3-658-13620-8

Lippold, D. (2016). Die Unternehmensberatung. Wiesbaden: Springer Fachmedien.

Mickeleit, T. (2013). Hat PR eine Zukunft? In: Pressesprecher. Abgerufen am 01.02.2016 von http://www.pressesprecher.com/nachrichten/hat-pr-eine-zukunft

Pleil, T./Zerfaß, A. (2014). Internet und Social Media in der Unternehmenskommunikation. In: Piwinger, M./Zerfaß, A. (Hrsg.) Handbuch Unternehmenskommunikation. Wiesbaden, S. 731–753.

Schoeneborn, D./Wehmeier, S. (2014). Kommunikative Konstitution von Organisation. In: Piwinger, M./Zerfaß, A. (Hrsg.) Handbuch Unternehmenskommunikation. Wiesbaden, S. 411–429.

Schwägerl, C. (2016). Diagnostik interner Kommunikation: zur Erforschung der Lücke zwischen Wirklichkeitskonstruktion und Gesprächswirklichkeit. In: Huck-Sandhu, S. (Hrsg.) Interne Kommunikation. Theoretische Konzepte und empirische Befunde. Wiesbaden: VS Verlag für Sozialwissenschaften, S. 199–213.

Weder, F./Karmasin, M. (2014). Stakeholder-Management als kommunikatives Beziehungsmanagement. Netzwerktheoretische Grundlagen der Unternehmenskommunikation. In: Piwinger, M./Zerfaß, A. (Hrsg.) Handbuch Unternehmenskommunikation. Wiesbaden, S. 81–103.

Zerfaß, A. (2014). Unternehmenskommunikation und Kommunikationsmanagement: Strategie, Management und Controlling. In: Piwinger, M./Zerfaß, A. (Hrsg.) Handbuch Unternehmenskommunikation. Wiesbaden, S. 21–79.

Zerfaß, A./Erhart, C.E./Lautenbach, C. (2014). Organisation der Kommunikationsfunktion: Strukturen, Prozesse und Leistungen für die Unternehmensführung. In: Piwinger, M./ Zerfaß, A. (Hrsg.) Handbuch Unternehmenskommunikation. Wiesbaden, S. 987–1010.

Zerfaß, A./ Verčič, D./Verhoeven, P./Moreno, A./Tench, R. (2015). European Communication Monitor 2015. Creating Communication Value through Listening, Messaging and Measurement. Results of a Survey in 41 Countries. Brüssel: EACD/EUPRERA, Helios Media.